Erstlesebuch 1. Klasse

Der Torwart und der Stürmer

Die Fußballabenteuer von Leon und Felix zum Lesenlernen für Jungen ab 6 Jahren (Erstleser Jungen 1. Klasse)

Tabea Désirée Bringewatt

Mit Illustrationen der Autorin

Thier Media

Unser gesamtes lieferbares Programm und weitere Informationen zu unseren Büchern und unserem Verlag findest du auf unserer Webseite und in den sozialen Netzwerken.

✉ info@thier-media.de

◻ @thier_media

f @Thier Media Verlag

🌐 www.thier-media.de

Copyright @ 2022, Thier Media GbR
Wenneberg 14, 48653 Coesfeld
Vertreten durch Fabian und Julian Thier
Alle Rechte vorbehalten
Titel: Der Torwart und der Stürmer
Erste Auflage: April 2022
Aktuelle Auflage: Februar 2023
ISBN 978-3-98876-012-8

Geschichten: Tabea Désirée Bringewatt
Umschlagsillustrationen: Nikhila Anil
Textillustrationen: Tabea Désirée Bringewatt
Mitwirkende: Claudia Schulz
Konzeption: Thier Media GbR
Umschlagsgestaltung: Julian Thier
Layout und Satz: Fabian Thier
Druck und Bindung: Amazon Logistics
Druck in Leipzig (DE) und Breslau (PL)

Bilddatenbanken
https://www.canva.com
https://www.pexels.com
https://www.pixabay.com

In fremde Schuhe schlüpfen

Felix und Leon sind beste Freunde. Sie
machen alles zusammen. Sie gehen in
dieselbe Klasse ihrer Grundschule. Sie
wohnen auch nebeneinander in der

Dobergstraße und besuchen sich jeden Tag. Und seit sie denken können, spielen sie zusammen Fußball. Seit vier Jahren spielen sie im Verein. Zuerst bei den Bambinis.

Jetzt, mit 8 Jahren, spielen sie in der F-Jugend. Meist ist Felix im Tor. Felix liebt es, den Ball zu fangen. Er bewacht sein Netz wie ein scharfer Hund.

Er ist blitzschnell und hat auch keine Angst, in die Ecke des Tors zu hechten. So hält er auch schwierige Bälle. Leon ist Stürmer. Er ist geschickt und kann super Tore schießen. Er flitzt einfach an den gegnerischen Spielern vorbei.

Manchmal denkt man, der Ball klebt an seinem Schuh. Und Leon kann gut mit den anderen zusammenspielen. Felix

und Leon finden, dass es perfekt so ist. Schließlich können sie so auch klasse miteinander trainieren. Sie sind ein eingespieltes Team und ergänzen sich super. Sogar Trainer Karsten lobt sie immer wieder. Aber heute ist alles anders: Leon stellt sich ins Tor, als sie sich im Garten zum Spielen treffen.

„Hey, das ist doch mein Platz!", ruft Felix. „Heute nicht. Heute mag ich nicht laufen. Heute will ich faul sein", murrt Leon. „Als ob ein Torwart nur faul im Tor liegt", denkt Felix.

Erst will er Streit anfangen. Aber dann denkt er: „Mal probieren, wie es für Felix ist." Und dann beginnt er zu schießen. Nach einer halben Stunde haben beide Jungs rote Köpfe. Felix ist das lange Rennen nicht gewohnt. Leon findet das Springen anstrengend. „Wie machst du das nur?", fragen sie zeitgleich und müssen plötzlich beide

lachen. Ja, es ist spannend und anstrengend, mal in die Schuhe des anderen zu schlüpfen. Aber dann sind Leon und Felix doch lieber wieder sie selbst. Leon, der Stürmer, und Felix, der Torwart. Und natürlich beste Freunde für immer.

Fragen zur Geschichte

1. Wo wohnen die Freunde?

a) In der Dobergstraße

b) In der Mibergstaße

c) In der Sabergstraße

2. Wie alt sind die beiden Jungs?

a) 7 Jahre

b) 8 Jahre

c) 9 Jahre

3. Wie heißt der Trainer?

a) Karsten

b) Jürgen

c) Klaus

Das Foul

Leon beißt die Zähne aufeinander. Ganz
fest. Er ist gerade so wütend. Der
Stürmer aus der anderen Mannschaft
hat Felix erschreckt. Alle wissen, dass

Felix sich leicht erschreckt. Er hat oft und schnell Angst. Da ist es nicht fair, ihn zu erschrecken. Klar, dass er dann im Tor nicht so gut ist. Dabei ist Felix sonst der beste Torwart in ihrem Alter.

Jetzt kommt der gemeine Junge auf Felix zugerannt und ruft wieder etwas. Die Trainer haben es nicht mitbekommen. Aber Leon. Felix sieht traurig aus.

Leon merkt, wie ihm warm wird vor Wut. Als der Junge den Ball zugepasst bekommt, passiert es ganz plötzlich. Leon will ihm eigentlich nur den Ball abnehmen. Aber dann stellt er ihm ein

Bein. Nicht aus Versehen, wenn man ineinander rennt und nicht mehr anhalten kann. Mit Absicht! Es tut weh,

trotz der Schienbeinschoner. Leon hört einen Pfiff. Es gibt noch keine rote Karte in der F-Jugend, aber Leon weiß, dass das ein dickes Foul war. Trainer

Karsten läuft auf ihn zu. Er sieht nicht wütend aus, eher überrascht. „Was sollte denn das, Leon?" Leon schämt sich.

Und er ist noch immer so wütend, dass er keinen Ton herausbringt. Felix steht mit einem Mal neben ihm. „Leon hat mich verteidigt. Der Typ hat mich geärgert, aber das habt ihr nicht abgepfiffen."

Trainer Karsten guckt betroffen. Ganz ruhig lässt er sich alles erklären. Dann spricht er mit der Trainerin der anderen Mannschaft. Leon darf weiterspielen. Er muss sich aber bei dem anderen

Spieler entschuldigen. Und der gemeine Junge muss Felix um Verzeihung bitten. Felix ist großzügig und nimmt die

Entschuldigung an. Er ist großzügiger als Leon es je wäre. Er weiß, dass er einen Fehler gemacht hat. Das nächste Mal wird er Trainer Karsten um Hilfe

bitten. Aber Leon weiß auch, dass es okay ist, Fehler zu machen – wenn man bereit ist, aus ihnen zu lernen und es beim nächsten Mal besser zu machen.

Fragen zur Geschichte

1. Wer ist sehr schreckhaft?

a) Leon

b) Karsten

c) Felix

2. Wer begeht das Foul?

a) Felix

b) Leon

c) Karsten

3. Welche Trikotnummer hat Leon?

a) 9

b) 10

c) 11

Übernachtungsparty

Leon und Felix sind aufgeregt. Trainer
Karsten hat gesagt, dass alle Kinder
nach dem Training noch dableiben
sollen. Er will ihnen ein Geheimnis

verraten. Nächsten Monat geht ihr Hilfstrainer Juri weg. Er will Sportlehrer an einer Schule werden. Deshalb muss er umziehen.

Die Jungen aus dem Team sind alle sehr traurig. Jeder mag Juri. Der ist immer lustig und nett. Und er ist auch nicht ganz so streng wie Trainer Karsten.

Jetzt sagt Karsten mit lauter Stimme: „Also Jungs! Wir alle werden Juri vermissen, oder?" Alle nicken und murmeln. „Er war ein toller Hilfstrainer. Ich finde, er hat einen besonderen Abschied verdient." Das findet das

Team auch. Wieder nicken alle. „Was haltet ihr von einer Mitternachts-party?" Das Gemurmel wird lauter. Eine

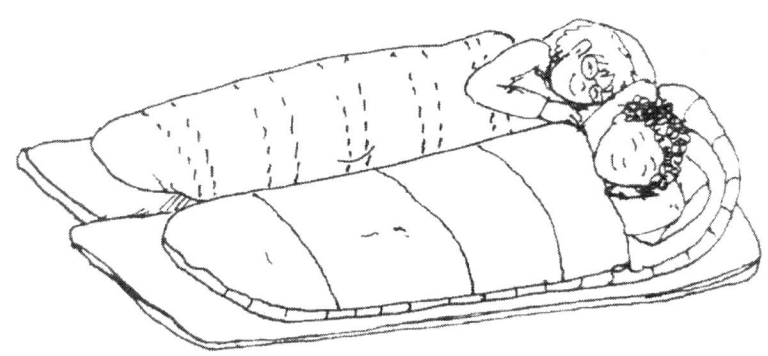

Party? Mitten in der Nacht? „Sollen wir dann alle um 12 Uhr hierherkommen?", fragt Felix. Trainer Karsten lacht. „Nein. Ich habe mit euren Eltern gesprochen.

Wir finden, dass ihr alt genug für eine Übernachtungsparty seid. Hier in der Turnhalle. Habt ihr Lust?" Was für eine Frage! Eine richtige Übernachtungsparty mit Schlafsack und Isomatte.

Was für eine tolle Überraschung. „Dann können wir alle noch mal richtig Zeit mit Juri verbringen. Wir spielen natürlich Fußball. Danach machen wir ein Lagerfeuer. Okay?"

Ein ohrenbetäubender Jubel kommt als Antwort. In der nächsten Woche tuscheln die Jungs, wenn Juri beim Training vorbeigeht. Es kribbelt im Bauch wie Brausepulver auf der Zunge.

Dann ist es endlich so weit: Es ist Freitag. Die Jungs empfangen Juri in der Umkleidekabine mit einer Krone. Er

ist der König des Abends. Sie führen ihn zum Lagerfeuer, das schon knistert. Und dann feiern sie ihn bis tief in die Nacht. Am nächsten Morgen bekommt er noch einen Ball geschenkt. Jeder Junge hat darauf unterschrieben. „Damit du uns nie vergisst!", sagt Leon. „Das werde ich niemals!", antwortet Juri. „So ein tolles Team kann man nie vergessen!"

Fragen zur Geschichte

1. Was will Juri werden?

a) Lehrer

b) Fußballer

c) Frisör

2. Was hat Trainer Karsten geplant?

a) Einen Abschiedsbrief

b) Eine Abschiedsfeier

c) Ein Abschiedsspiel

3. Welches Geschenk bekommt Juri?

a) Ein Trikot

b) Einen Schal

c) Einen Ball

Nie wieder

„Du Leon, wo ist denn Felix?", fragt
Hilfstrainer Juri beim Training. Leon hat
keine Ahnung. Heute ist Felix einfach
nicht aufgetaucht. Ob er krank ist?

Nach dem Fußballtraining wartet Leon ungeduldig auf seine Mutter. Als sie ihn abholt, fragt er gleich: „Weißt du, was mit Felix ist?"

Aber seine Mutter weiß es auch nicht. Sie erlaubt aber, dass Leon gleich rüberlaufen darf. Die Mama von Felix macht auf. „Felix sitzt im Garten. Geh mal ruhig zu ihm", sagt sie und guckt besorgt. Was nur los ist?

Im Garten sitzt Felix wie immer unter dem großen Baum. „Hallo Felix!", begrüßt Leon ihn. „Hast du das Training vergessen?" Felix schüttelt den Kopf. „Habe ich dir was getan?" Haben sie

Streit und er hat es nicht mitgekriegt? Felix schüttelt wieder den Kopf, jetzt fester. „Wollen wir eine Runde kicken?",

fragt Leon dann. Das heitert Felix immer auf. Jetzt schüttelt Felix so heftig den Kopf, dass Leon Angst hat. Nachher fällt der noch ab. „Willst du kein Fußball mehr spielen?", fragt er vorsichtig. Felix nickt. „Nie wieder?", flüstert Leon. Felix nickt noch mehr. „Aber warum?" Leon kann sich das gar nicht vorstellen.

„Weil die Kinder gelacht haben. Weil ich nix kann." Felix' Stimme ist ganz betrübt. Leon erinnert sich. Gestern auf dem Spielplatz haben sie auch gebolzt. Es hatte geregnet. Der Boden war matschig.

Da ist Felix im Tor ausgerutscht und hingefallen. Ein paar ältere Kinder haben gelacht und fiese Witze gemacht. „Aber der Boden war doch nass!", sagt

Leon. „Ich bin auch schon mal hingefallen. Beim Spiel letztes Jahr." Felix nickt langsam. „Und Ramón

Günther, der Fußballer, ist auch schon oft gefallen. Bestimmt hundertmal. Und trotzdem ist der gut, oder?" Felix lächelt zaghaft. „Und du kannst viel. Und mit

dir spiele ich am allerliebsten. Spielst du mit mir? Bitteeeee?" Leon macht seine Quengelstimme, bis Felix lacht. Und dann spielen sie noch eine Runde.

Fragen zur Geschichte

1. Wer ist nicht zum Training erschienen?

a) Felix

b) Leon

c) Karsten

2. Was ist mit Felix?

a) Er ist krank

b) Er ist traurig

c) Er hat keine Zeit

3. Wie heißt der berühmte Fußballer?

a) Maik Günther

b) Ansgar Günther

c) Ramón Günther

Der neue Hilfstrainer

„Ich mag den Neuen nicht." Ole schaut finster. „Ja, der ist komisch", meint Tino. „Der ist voll alt", ergänzt Johannes. „Mit einem bodenlangen

Bart." Felix und Leon seufzen. Bisher war Juri ihr Hilfstrainer. Der hatte vorher selbst in der Fußballjugend gespielt. Jetzt ist er weggegangen.

Seit drei Wochen hat Trainer Karsten wieder Hilfe. Von Herrn Mertens. Herr Mertens will nicht, dass sie ihn mit dem Vornamen anreden. Die Jungs sollen 'Sie' zu ihm sagen.

Er ist uuuuuuralt. Und sein Bart reicht fast bis zum Boden. Frührentner ist er. Er lächelt kaum und macht keine Späße. Trainer Karsten sagt, dass Herr Mertens ein Fußballer der alten Schule ist. Die Jungs sollen ihm eine Chance geben. Gute Spieler gibt es überall, meint er. Aber ein gutes Team ist schwer zu finden. Leon und Felix

gefällt, was Trainer Karsten sagt. Sie geben sich wirklich Mühe, Herrn Mertens zu mögen. „Ihr dürft ihn nicht mit Juri vergleichen!", hatte Felix Mutter ihnen geraten. „Was ist an Herrn Mertens gut?" Als sie nach dem Training aus der Umkleide gehen, steht da ein wütender Mann. „Der Herr Jochens, der Meckerpott", wispert Ole.

Das ist der Nachbar vom Fußballplatz. Der meckert immer. „Löcher in der Hecke habe ich. Da habt ihr Lausejungs bestimmt die Bälle rein gedonnert!"

Die Jungs trauen sich nicht etwas zu sagen, so furchterregend sieht der Herr Jochens aus. „Moment mal, Herr Nachbar! Meine Jungens haben hier trainiert. Das sind alles ehrliche Sportler. Wenn Sie Löcher in der Hecke haben, müssen Sie sich beim Gärtnern halt mehr Mühe geben. So sieht das aus!", dröhnt es da mit einem Mal

zurück. Mindestens genauso laut. Herrn Jochens fällt vor Schreck der Mund zu. Gegen einen so alten, strengen Mann traut er sich nichts zu sagen. Er zieht ab. „D-d-danke, Herr Mertens", stottert Felix erleichtert. Und jetzt lacht Herr Mertens: „Für meine Fußballfreunde immer, Kamerad. Ein richtiges Team hält eben zusammen!"

Fragen zur Geschichte

1. Wie heißt der neue Hilfstrainer

a) Herr Sommerfeld

b) Herr Timmer

c) Herr Mertens

2. Wie heißt der strenge Nachbar?

a) Herr Kochens

b) Herr Jochens

c) Herr Lochens

3. Warum meckert der Nachbar?

a) Löcher in der Hecke

b) Zertretene Blumen

c) Bälle im Garten

Laternen für Kicker

Der Herbst ist da. Die Tage sind kurz. Wenn Leon und Felix nachmittags vom Training abgeholt werden, ist die Sonne schon weg. Leon findet das doof und ungemütlich. Er mag die Dunkelheit nicht so gern. Spielen in der Sonne ist viel besser. Dann findet das Training draußen statt. Jetzt spielen sie schon seit einigen Wochen in der Halle.

Auch heute, an einem Schulvormittag, ist das Wetter schlecht. Felix will Leon aufmuntern: „Der Herbst ist doch toll!", ruft er in der nächsten Pause. „Es gibt Kastanien. Aus denen kann man was basteln."

Er sucht auf dem Boden und findet auch gleich eine schöne braune Kastanie. Sie glänzt sogar. „Es gibt Laubhaufen zum Reinspringen!" Mit

vollem Anlauf springt er in einen
Haufen. Den hat der Hausmeister
zusammengefegt. Deshalb räumt Leon

schnell wieder alles zusammen. Er ist
noch nicht so überzeugt. „Und man
kann Laternenlieder singen gehen zum
Lichterfest!" Auf einmal wird Leon

aufmerksam. Das Lichterfest. Jedes Jahr bastelt seine Klasse im Kunstunterricht eigene Laternen. Nachmittags laufen dann alle zusammen durch die dunklen Gassen der Stadt.

Es wird gesungen und es gibt natürlich auch was Süßes. Das ist klasse. „Aber das sind immer so alberne Baby-Laternen", mault Leon.

Er musste an die vielen Igel, lachenden Sonnen und Einhörner denken, die sie immer basteln sollen. Darauf hat er keine Lust. „Dann machen wir eben coole Laternen. Für Kicker!", schlägt Felix vor. Im Kunstunterricht sollen sie heute tatsächlich ihre Laternen basteln. Mond, Igel und Clown stehen zur Auswahl. Leon rollt mit den Augen, aber

Felix schnappt sich die Mondvorlagen. Er bemalt die kreisrunden Pappbögen mit schwarz-weißen Feldern. Langsam begreift Leon. Mit Feuereifer greift auch

er zum Stift. Als Herr Krämer an ihren Tisch tritt, muss er lachen: „War ja klar!" Vor Leon und Felix stehen zwei klasse Laternen in Fußballform. Und so erkennt man dann nachmittags auch in der Dunkelheit ganz genau, wer auf dem Lichterfest ein echter Kicker ist.

Fragen zur Geschichte

1. Welche Jahreszeit ist in der Geschichte?

a) Frühling

b) Sommer

c) Herbst

2. Wo trainiert die Mannschaft?

a) Auf dem Fußballplatz

b) In der Halle

c) In der Schule

3. Welches Fest findet statt?

a) Lichterfest

b) Mondfest

c) Sonnenfest

Von wilden Tieren

Im Herbst dämmert es schon, wenn das Fußballtraining zu Ende ist. Leon und Felix werden dann von ihren Eltern abgeholt. Aber heute verspätet sich Leons Papa. Die Jungs warten am

Sportplatz. „Huch!", sagt Felix da mit einem Mal. „Hast du das auch gesehen?" Leon schaut sich um. „Was?" „Na da, im Gebüsch. Diese leuchtenden Augen."

Ein Erwachsener würde sagen: Das hast du dir nur eingebildet. Aber Leon sagt das nicht. Er sieht, dass Felix Angst hat. Deshalb fragt er: „Soll ich nachgucken?"

Felix nickt und sagt: „Pass aber auf. Vielleicht ist das ein wildes Tier." Klar, wilde Tiere sind nicht so oft an Schulen. Aber leuchtende Augen gehören meistens zu nachtaktiven Tieren.

Entschlossen schleicht Leon zum Gebüsch. Dann macht er einen Satz und springt ins grüne Dickicht. „Soll

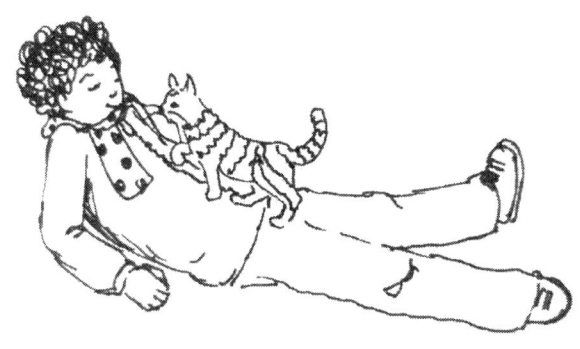

sich das wilde Tier nur erschrecken",
denkt er. Wenn es denn da ist. Wer sich aber erschreckt, das ist Leon. An ihm vorbei saust ein rot-braunes Tier. Mit

einem lauten Fauchen. Doch ein wildes Tier? So ganz hatte Leon ja nicht daran geglaubt. Aber das klang jetzt schon gefährlich. Er hört sein Herz ganz schnell klopfen.

„Oh, guck wie süß!" Felix' Stimme quietscht in seinem Rücken. Süß? Was ist denn an einem wilden Untier süß, bitte schön? Fast hätte es ihn angefallen?

Empört dreht sich Leon zu Felix um und sieht ihn auf dem Boden hocken. Auf ihm steht das wilde Tier. Nur, dass es kein wildes Tier ist, sondern eine rot-braun-gestreifte kleine Katze. „Guck mal Leon. Die ist ganz verspielt." Das stimmt. Das Kätzchen hüpft auf Felix herum, tapst gegen seinen Fußball und

macht kleine Sprünge. Da kommt Trainer Karsten um die Ecke: „Na, habt ihr Kringel schon kennengelernt? Das ist unsere neue Sportplatzkatze." Der

Schreck fällt von Leon ab und er muss lachen. Ein Kringel ist tausendmal besser als ein wildes Tier. Und eine eigene Sportplatzkatze ist sicher etwas ganz Besonderes.

Fragen zur Geschichte

1. Wer entdeckt die Augen im Gebüsch?

a) Karsten

b) Felix

c) Leon

2. Welches Tier versteckte sich dort?

a) Ein Hund

b) Ein Ferkel

c) Eine Katze

3. Wie heißt das kleine Tier?

a) Kringel

b) Krümel

c) Krimi

Langweilige Oma-Wochenenden

„Haha, die beiden Babys machen ein Oma-Wochenende!" Malte zeigt mit dem Finger auf Leon und Felix. Er lacht sie vor allen anderen aus. „Seid ihr auch schon Opas? Trinkt ihr dann Tee und strickt Schals?" Aber Leon und Felix lassen sich nicht ärgern. Dieses Wochenende ist „Oma-Irmi-Wochenende". Eigentlich ist sie nur die Oma von Felix.

Aber irgendwie ist sie auch Leons Oma.
—>Weil Leon selbst keine mehr hat, teilen sie sich Oma Irmi eben. So machen es die besten Freunde. Oma Irmi ist aber keine Oma, die nur backt und strickt und fernsieht.

Oma Irmi ist eine wilde Oma. Und das Beste ist: Oma Irmi ist fußballverrückt! Mindestens so fußballverrückt wie Leon und Felix. Als sie klein war, sollten

Mädchen sich nicht für Fußball interessieren. Aber heute lässt Oma Irmi sich nichts mehr sagen. Sie kann

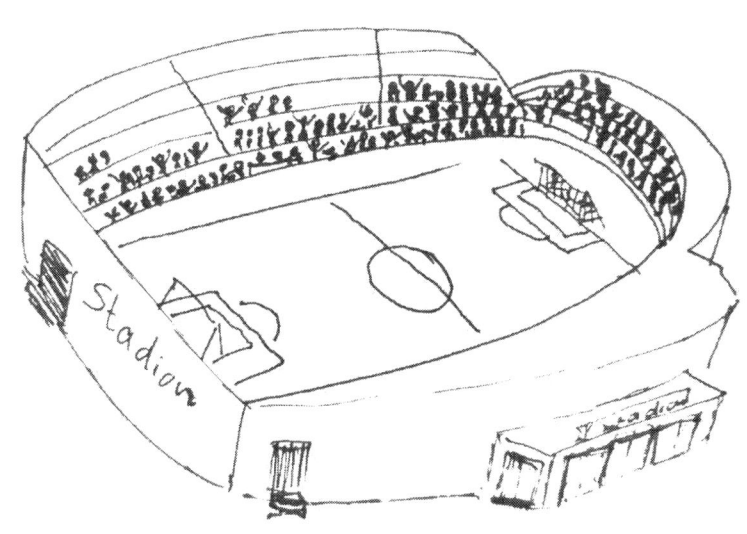

nicht mehr so gut rennen, aber trotzdem kickt sie hinten im Garten immer ein paar Bälle mit den Jungs. Und sie schaut jedes Spiel im Fernsehen. Aber nicht still und ernst, wie Leons Papa. Nein! Oma Irmi hüpft auf dem Sessel, jubelt mit ihrer Mannschaft und droht dem Schiedsrichter mit dem Zeigefinger. Das ist ein echtes Erlebnis.

Ein noch größeres Erlebnis wartet aber heute auf die Jungs: Sie dürfen mit Oma ins Stadion. In das richtig große zu einem echten Fußballspiel.

Sie binden sich ihre Fanschals um. Oma malt ihnen die Farben der Mannschaft aufs Gesicht. Sie hat auch Wimpel besorgt und tolle Plätze weit vorn. Leon und Felix sind ganz nah mit dabei. Das Spiel ist spannend. Sie brüllen alle und fiebern mit! Es ist spannend. Und dann: Ihre Mannschaft gewinnt! Nach dem Spiel wirft ihnen ein

Spieler sogar einen Schal mit Autogramm zu! „Woher habt ihr den Schal?", fragt Malte am nächsten Tag neidisch. „Ach, weißt du", sagt Leon

frech. „Den haben wir von unserem laaangweiligen Oma-Wochenende."

Fragen zur Geschichte

1. Wie heißt die Oma von Felix?

a) Urmi

b) Irmi

c) Juri

2. Wohin geht Oma mit den Jungs?

a) Zum Bäcker

b) Zum See

c) Ins Stadion

3. Was bekommen sie von dem Spieler?

a) Einen Schal

b) Ein Trikot

c) Einen Ball

Große Schüsse

Felix und Leon üben Fernschüsse. Trainer Karsten hat ihnen das genau gezeigt. Jetzt möchten die beiden das auch so gut können. Ihre Gärten sind nicht sehr groß. Aber wenn Leon in seinem Garten Anlauf nimmt und über die schmale Hecke schießt, dann haben sie genug Abstand.

Heute ist Sonntag. Da wollen die Leute ihre Ruhe haben, sagt der Vater von Felix immer. Aber heute ist Tante Inge nicht da. Die wohnt rechts neben Felix. Und die Schneiders besuchen heute ihre Freunde.

Dann können Felix und Leon nach Herzenslust spielen. „Meinst du, wir können so weit schießen wie Karsten?", überlegt Leon. Felix meint, dass sie es einfach probieren sollen. Er läuft zu

Leon und schießt den Ball mit voller Wucht. Genauso wie Trainer Karsten es gezeigt hatte. Und der Ball fliegt! Über

die Hecke. Über den Rasen von Felix' Garten. Am Tor vorbei. Über die nächste Hecke. Und da verschwindet er in Tante Inges Garten. Mit einem lauten

'Plock'. Tante Inge ist die netteste Nachbarin der Welt. Sie hat mindestens hundert Gartenzwerge. Einer von denen hält eine große Tulpe in der Hand. Eigentlich.

Die liegt jetzt nämlich mit dem Ball im Beet. Der Zwerg liegt umgekippt daneben. Auweia. Was sollen sie tun? Kurzentschlossen holen sie Kleber und Klebestreifen. „Sieht doch gut aus, oder?", fragt Felix unsicher.

Der Zwerg hat die Tulpe wieder in der Hand, aber irgendwie hängt sie immer noch schräg. Leon grinst schief. Abends hören sie, wie Tante Inge heimkommt.

Die Jungs haben den ganzen Tag Bauchweh gehabt. Leon überlegt: „Wir sollten es ihr sagen." „Genau.

Fußballer sind mutig!", ruft Felix, als wolle er sich selbst Mut machen. Gemeinsam stapfen sie zu Tante Inge. „Du, Tante Inge, wir haben...", fängt

Felix an. „Ihr habt umdekoriert?", lacht sie. „Ja, uns ist der Ball rübergeflogen", erklärt Leon. „Schwamm drüber!", meint Tante Inge nur. „Schließlich habt ihr mir ehrlich Bescheid gesagt." Die Jungs nicken verlegen. Und endlich sind die Bauchschmerzen weg.

Fragen zur Geschichte

1. Wie heißen die anderen Nachbarn?

a) Die Schneiders

b) Die Schreibers

c) Die Schröders

2. Was üben die beiden Jungs?

a) Kurze Pässe

b) Dribblings

c) Fernschüsse

3. Wer trifft den Gartenzwerg?

a) Felix

b) Leon

c) Inge

Die neuen Fußballschuhe

Felix hat nigelnagelneue Fußball-
schuhe. Er durfte sie sich zum
Geburtstag aussuchen. Am liebsten
würde er sie rund um die Uhr
anbehalten. Und klar, zum Bolzen im

Garten mit Leon – da müssen es natürlich auch die neuen Schuhe sein. Schließlich sitzen sie einfach super an den Füßen. Laufen und Schießen geht damit wie von selbst.

Und sein Lieblingsfußballer trägt genauso ein Modell. Die gleiche Marke, nur einige Nummern größer. Felix freut sich riesig, wenn sein Blick auf die Schuhe fällt. Er fühlt sich groß und stark damit.

Fast so als wäre er auch ein Profifußballer. Leon hat letzte Woche mit Felix Geburtstag gefeiert. Ein paar Wochen im Jahr sind die beiden nicht gleich alt. Jetzt ist Felix 9. Und er spielt

sich gleich ganz schön auf. Nicht weil

er jetzt älter ist, sondern weil er neue

Schuhe hat. Genau solche wie Leons

Lieblingsfußballer. Genau solche wie

Leon selbst gern hätte. Aber jetzt nervt

Felix damit immer. Ständig hat er die

Schuhe an und gibt damit an. Leon hat schon gar keine Lust mehr, mit ihm zu spielen. Das hat er auch gesagt: „Du mit deinen doofen Schuhen!"

Am Abend setzt Mama sich zu ihm. „Kann es sein, dass du neidisch bist, lieber Leon?" Pfft. Leon ist doch nicht neidisch. Mama guckt so wissend und nett. Leon merkt, dass er rot wird.

„Wie würdest du dich fühlen, wenn du die tollen Schuhe endlich bekommst?", fragt Mama. Leon denkt nach. Er würde sie nie mehr ausziehen. Er würde ausprobieren, wie präzise er damit schießen und passen könne. Und er

würde sie vor Freude jedem zeigen.
„Hm...und ist das so anders als das,
was Felix macht?", fragt Mama.
Zögernd schüttelt Leon den Kopf. Er

überlegt. Dann bittet er Mama, mit ihm
einzukaufen. Am Tag darauf findet Felix
ein Päckchen im Garten: Schnürsenkel

in Fußballclubfarben. „Für deine tollen neuen Schuhe! Von deinem besten Freund Leon!"

Fragen zur Geschichte

1. Wer hat neue Schuhe bekommen?

a) Felix

b) Leon

c) Karsten

2. Wie fühlt sich Leon?

a) Er ist glücklich

b) Er ist neidisch

c) Er ist ängstlich

3. Was kauft Leon für Felix?

a) Ein neues Trikot

b) Eine neue Hose

c) Ein Paar neue Schürsenkel

Das erste Autogramm

Leon und Felix fahren mit Leons Mutter
und dem Vater von Felix in die
Nachbarstadt. Hier findet heute ein
Freundschaftsspiel statt. Manchmal

fährt die Mannschaft mit einem Bus. Aber heute reisen alle Spieler einzeln an. Sie nehmen die Bahn. Leon und Felix lieben es mit der Bahn zu fahren.

Es ist auch ein wenig aufregend. „Wie richtige Profifußballer", findet Leon. Und der Vater von Felix verspricht, dass sie nach dem Spiel Pommes essen gehen.

Das Spiel selbst läuft klasse. Felix hält die Bälle wie ein Weltmeister. Leon erzielt vier Tore. Sie gewinnen. Jetzt stehen sie müde, aber glücklich am Imbiss. „Ein rundherum gelungenes Match für Stürmer Leon und Torwart Felix!", ruft der Vater von Felix. Er klingt wie ein Fernsehreporter. Das ist ein wenig peinlich. Aber irgendwie auch klasse. „Meine Damen und Herren, hier

sehen Sie die Fußballstars von morgen. Heute mampfen sie Pommes wie du und ich. Morgen vertreten sie Deutschland bei der WM!", fällt Leons

Mutter ein. Sie hält sich die große Ketchupflasche vor den Mund, wie ein Mikrofon. Leon und Felix werfen sich peinliche Blicke zu.

Erwachsene sind manchmal so albern. Aber das ist ein gutes Gefühl. Die Jungs merken, dass ihre Eltern richtig stolz sind. Und das völlig zu Recht. „Entschuldigung. Darf ich stören?", fragt plötzlich eine Männerstimme.

Sie drehen sich um. Vor ihnen steht niemand anderes als Ramón Günther, der Fußballer. Er ist kein weltbekannter Superstar, aber er spielt in einem Verein und war schon öfter in der Zeitung. „Ich habe gehört, dass hier zwei neue Fußballstars stehen. Darf ich ein Autogramm haben?" Er hält ihnen eine

Serviette hin. Leon verschluckt sich fast. Felix macht große Augen. Aber dann malen beide mit Kuli ihre Namen auf die Serviette. Ramón bedankt sich

höflich. Leon und Felix schweben den Rest des Tages wie auf Wolken. Es ist nicht mehr der Tag des gewonnenen Freundschaftsspiels. Es ist der Tag ihres ersten Autogramms!

Fragen zur Geschichte

1. Wie reisen die Jungs zum Spiel?

a) Mit dem Bus

b) Mit dem Auto

c) Mit der Bahn

2. Wie viele Tore erzielt Leon?

a) Drei

b) Vier

c) Fünf

3. Wer möchte ein Autogramm?

a) Ramón Günther

b) Der Vater von Felix

c) Die Mutter von Leon

Der verlorene Schal

Es herrscht dicke Luft in der Dobergstraße. Leon und Felix haben Krach. Keinen kleinen Krach, bei dem man sich kurz ärgert und dann alles wieder gut ist. Nein, einen dicken, großen Krach, dass man kaum atmen kann. Die Eltern haben es gemerkt, weil die Jungs sich nicht mehr besuchen.

Stattdessen hocken die beiden mit bösen Gesichtern in ihren Zimmern. Obwohl draußen bestes Fußballwetter ist. Mit dem Fußball fing es ja irgendwie auch an. Also, eher mit dem Fanschal.

Den haben Felix und Leon bei ihrem Besuch im Stadion geschenkt bekommen. Ein bekannter Fußballer hat darauf unterschrieben. Abwechselnd haben sie den Schal getragen. Einen Tag hat ihn Leon umgebunden, den Tag darauf Felix. Aber jetzt ist der Schal weg. Felix meint, Leon hat ihn verloren. Leon meint, er ist an einem Felix-Tag

verschwunden. Er hätte den Schal nie bekommen. Da hat Felix geschimpft, dass Leon sich immer herausredet. Und Leon hat gemotzt, dass Felix immer alles verliert. Richtig laut sind sie geworden und am Ende ist jeder in seine Wohnung gerannt. Jetzt reden sie nicht mehr miteinander. Auch nicht in der Schule. Da tun sie so, als wäre der andere Luft. Das geht so bis Freitag.

Freitag ist Fußballtraining. „Also Jungs, was ist denn los bei euch? So spielt man doch nicht in einem Team!", ruft Trainer Karsten kopfschüttelnd.

„Ihr kommt mal her und erzählt mir, was los ist." Das machen Felix und Leon auch. Laut und wütend und durcheinander. Trainer Karsten guckt sie erstaunt an. „Ich dachte, ihr seid

Fußballer. Keine Schalträger!" Felix
merkt, dass er grinsen muss. Er schaut
zu Leon. Der verbeißt sich ebenfalls ein

Grinsen. „Worum geht's denn wirklich?
Irgendeinen Schriftzug auf einem Schal
oder um das Spiel?", fragt der Trainer.
Leon und Felix gucken sich an und

klatschen ab. Und dann stürmen sie,

ohne zu zögern zurück auf den Platz

und spielen zusammen.

Fragen zur Geschichte

1. Warum streiten Felix und Leon?

a) Weil sie verloren haben

b) Weil der Schal verschwunden ist

c) Weil ihnen langweilig ist

2. Wer bringt die beiden zum Lachen?

a) Trainer Karsten

b) Herr Mertens

c) Die Mutter von Leon

3. Was passiert am Ende?

a) Sie streiten immer noch

b) Sie gehen nach Hause

c) Sie spielen wieder zusammen

Backen für Bälle

„Na, was gucken meine Lieblingskicker denn so finster?" Es ist wieder „Oma-Irmi-Wochenende". Trotzdem haben Leon und Felix schlechte Laune. Trainer

Karsten hat gestern erzählt, dass der Verein zu wenig Geld hat. Und dabei braucht das Team dringend neue Bälle. Leon erklärt Oma alles.

„Hm, ihr braucht die Bälle, aber es fehlt das Geld?", fragt Oma Irmi. „Dann müssen wir das Geld besorgen." Aber wie? Oma Irmi hat nur eine kleine Rente. Ihre Sparschweine sind auch ganz leer.

„Wir müssen es verdienen", überlegt Leon. „Stimmt. Schenken werden uns die Leute nichts", meint Oma. Aber da fängt Felix an zu strahlen. „Doch! Wenn wir einen Basar machen. Für einen guten Zweck. Das macht unser Fußballclub doch jedes Weihnachten für das Tierheim." „Und wie funktioniert

das?", will Oma Irmi wissen. „Man backt Kuchen und Kekse. Die verkauft man auf dem Basar. Das Geld spendet man für den guten Zweck. Also für die

Bälle!", erklärt Leon begeistert. „So, so", macht Oma. „Und wer backt da immer?" Schließlich ist Oma Irmi eine Fußball-Oma, keine Back-Oma. „Die Mamas und Papas und wir."

Aber jetzt haben die Erwachsenen keine Weihnachtsferien. Sie müssen arbeiten. „Dann machen wir das eben selbst", beschließt Leon. „So schwer kann das ja nicht sein."

Und dann backen sie. Der erste Kuchen wird nicht so lecker. Aber der zweite ist okay und der dritte echt gut. Nach jedem Training verkaufen die Jungs ihre Leckereien an alle, die zur Sporthalle kommen. Und beim Freundschaftsspiel am Samstag stellt Oma Irmi sogar einen Stand an den Spielfeldrand. Sie

verkauft ein Stück nach dem anderen. Auch beim nächsten Spiel und beim übernächsten. Dann ist genug Geld da. Die drei freuen sich. Die anderen sind allerdings traurig. Sie haben sich an den leckeren Kuchen gewöhnt. „Wollen Sie nicht weitermachen, Frau Hansen?", bittet Trainer Karsten. Aber Oma Irmi lacht nur: „Niemals! Ich bin und bleibe eine Fußball-Oma!"

Fragen zur Geschichte

1. Was benötigt der Verein dringend?

a) Neue Tore

b) Neue Trikots

c) Neue Bälle

2. Wer backt die ganzen Kuchen?

a) Leon und Felix

b) Die Mütter und Väter

c) Karsten und Herr Mertens

3. Wer baut einen Stand am Spielfeld auf?

a) Leons Mutter

b) Oma Irmi

c) Felix

Hitzefrei mit Bällebad

Es ist heiß. Richtig heiß. Seit Tagen lacht die Sonne. Heute sollen es über 35 Grad werden. Das ist super. Weil Leon und Felix dann nicht in die Schule müssen. Hitzefrei heißt das. Weil es zu warm ist fürs Schreiben und Rechnen. Das finden Leon und Felix klasse. Aber es ist auch doof. Trainer Karsten hat eben eine Nachricht an alle Eltern geschickt.

Auch für das Fußballtraining ist es zu warm. Deshalb haben Leon und Felix fast schon schlechte Laune – trotz schulfrei. Leon ist gleich morgens zu Felix rübergelaufen.

Jetzt hocken die beiden Jungs im Schatten des Apfelbaums. Felix' Mama stellt zwei Gläser mit Schorle auf den Gartentisch. „Puh, wie heiß es schon ist. Ein Glück, dass ihr da nicht über den Platz hetzen müsst." Das findet aber nur Mama. Leon und Felix finden

das blöd. Eben weil jeden Donnerstag Fußballtag ist. Und ihnen ihr Ball fehlt. Aber ehrlich gesagt ist es auch viel zu heiß, um zu laufen. Die Jungs haben die Mutter von Felix gefragt, ob sie ins Freibad dürfen. Sie hat entsetzt den Kopf geschüttelt. „Jungs, ihr seid nicht die einzigen, die frei haben. Das Freibad ist bestimmt proppenvoll.

Da hocken die Besucher alle wie in der Sardinenbüchse." Na toll. Frei und nichts zu tun. Was soll man denn nur machen bei der Hitze? Eigentlich wird ihnen nicht so schnell langweilig.

Aber jetzt werden Leon und Felix richtig unzufrieden. Das kribbelt unter der Haut und macht noch wärmer. „Wir brauchen Wasser", sagt Felix. „Und Bälle", nickt Leon. Sie fangen an zu grinsen und flitzen zu Leon rüber. Gemeinsam schleppen sie das Bällebad von Leons kleinem Bruder nach draußen in den

Garten. Bälle raus. Wasser rein. Mit dem Gartenschlauch ist es ruckzuck gefüllt. Die Mutter von Felix lacht und wirft ihnen einen Plastikfußball zu.

„Dann gibt's heute eben Wasser-
ball!" Und jetzt können die beiden ihr
Hitzefrei so richtig genießen.

Fragen zur Geschichte

1. Wie warm wird es heute?

a) 15 Grad

b) 25 Grad

c) 35 Grad

2. Was teilt Karsten den Eltern mit?

a) Das Training fällt aus

b) Das Training ist doppelt so lange

c) Das Training ist in der Nacht

3. Worin baden die Jungs?

a) Im Freibad

b) Im Bällebad

c) In der Badewanne

Hey,
wie hat dir das Buch gefallen?
Wir freuen uns von dir oder
deinen Eltern zu hören.

Ben, 7 Jahre

Eine Hauptfigur aus dem Buch
"Der Wunschexpress"

THIER
MEDIA
VERLAG

✉ feedback@thier-media.de

○ @thier_media

f @Thier Media Verlag

⊕ www.thier-media.de

Printed in Poland
by Amazon Fulfillment
Poland Sp. z o.o., Wrocław

18382223R00070